BEI GRIN MACHT SICH IHR WISSEN BEZAHLT

- Wir veröffentlichen Ihre Hausarbeit, Bachelor- und Masterarbeit

- Ihr eigenes eBook und Buch - weltweit in allen wichtigen Shops

- Verdienen Sie an jedem Verkauf

Jetzt bei www.GRIN.com hochladen und kostenlos publizieren

Bibliografische Information der Deutschen Nationalbibliothek:

Die Deutsche Bibliothek verzeichnet diese Publikation in der Deutschen Nationalbibliografie; detaillierte bibliografische Daten sind im Internet über http://dnb.d-nb.de/ abrufbar.

Dieses Werk sowie alle darin enthaltenen einzelnen Beiträge und Abbildungen sind urheberrechtlich geschützt. Jede Verwertung, die nicht ausdrücklich vom Urheberrechtsschutz zugelassen ist, bedarf der vorherigen Zustimmung des Verlages. Das gilt insbesondere für Vervielfältigungen, Bearbeitungen, Übersetzungen, Mikroverfilmungen, Auswertungen durch Datenbanken und für die Einspeicherung und Verarbeitung in elektronische Systeme. Alle Rechte, auch die des auszugsweisen Nachdrucks, der fotomechanischen Wiedergabe (einschließlich Mikrokopie) sowie der Auswertung durch Datenbanken oder ähnliche Einrichtungen, vorbehalten.

Impressum:

Copyright © 2018 GRIN Verlag
Druck und Bindung: Books on Demand GmbH, Norderstedt Germany
ISBN: 9783668720848

Dieses Buch bei GRIN:

https://www.grin.com/document/425603

Maurice Leibinn

Erstellung eines Ausdauer-Trainingsplans mithilfe der Vita-Maxima-Testung

GRIN Verlag

GRIN - Your knowledge has value

Der GRIN Verlag publiziert seit 1998 wissenschaftliche Arbeiten von Studenten, Hochschullehrern und anderen Akademikern als eBook und gedrucktes Buch. Die Verlagswebsite www.grin.com ist die ideale Plattform zur Veröffentlichung von Hausarbeiten, Abschlussarbeiten, wissenschaftlichen Aufsätzen, Dissertationen und Fachbüchern.

Besuchen Sie uns im Internet:

http://www.grin.com/

http://www.facebook.com/grincom

http://www.twitter.com/grin_com

Deutsche Hochschule für
Prävention und Gesundheitsmanagement
Hermann Neuberger Sportschule 3
66123 Saarbrücken

Einsendeaufgabe

Fachmodul: Trainingslehre 2

Studiengang: Fitnessökonomie

Datum
Präsenzphase: 18. – 20.12.2017

Name, Vorname: Leibinn, Maurice

Studienort: **Stuttgart**

Semester: **WS 2016**

Inhaltsverzeichnis

1 DIAGNOSE 3

1.1 Allgemeine und biometrische Daten 3

1.2 Leistungdiagnostik 4

    1.2.1 Begründung der Auswahl des Ausdauertests 4

    1.2.2 Durchführung des Ausdauertests 4

    1.2.3 Bewertung des Testergebnisses 5

1.3 Gesundheits- und Leistungsstatus der Person 5

2 ZIELSETZUNG/PROGNOSE 5

3 TRAININGSPLANUNG MESOZYKLUS 6

3.1 Grobplanung Mesozyklus 6

3.2 Detailplanung Mesozyklus 6

3.3 Begründung zum Mesozyklus 8

    3.3.1 Begründung zum wöchentlichen Belastungsumfang 8

    3.3.2 Begründung zu den ausgewählten Trainingsmethoden 8

    3.3.3 Begründung zur Belastungsprogression 10

    3.3.4 Begründung zu den angesteuerten Trainingsbereichen 10

    3.3.5 Begründung der ausgewählten Ausdauergeräte bzw. Bewegungsformen ... 11

4 EFFEKTE DES AUSDAUERTRAININGS BEI ARTERIELLER HYPERTONIE 11

5 LITERATURVERZEICHNIS 15

6 TABELLENVERZEICHNIS 15

1 Diagnose

1.1 Allgemeine und biometrische Daten

Tab. 1: Allgemeine und biometrische Daten

Alter	27
Geschlecht	Männlich
Größe	1,74m
Gewicht	74kg
Motiv	Ist durch einen Jobwechsel für ein Jahr auf Geschäftsreise und hat dort nicht die Möglichkeit, seinen Sport auszuüben. In dieser Zeit möchte die Person ein alternatives Training durchführen, um seine Ausdauer zu verbessern, sowie etwas Gewicht verlieren.
Beruf	Ingenieur
Aktuelle sportliche Aktivität	Seit 12 Jahren im Handballverein. Hat drei Mal pro Woche Training über 90 Minuten und ggfs. einmal am Wochenende ein Spiel (60 Minuten).
Frühere sportliche Aktivität	Keine weiteren Aktivitäten
Leistungsstufe	Fortgeschritten
Zeitlicher Verfügungsrahmen	Drei Mal pro Woche mit maximal 60 Minuten pro Einheit
Eventuelle orthopädische und internistische Probleme, ärztliche Behandlungen, Einnahme von Medikamenten	Keine
Blutdruck	115/75mmHg. Der Blutdruck liegt im Optimalbereich, da der optimale Blutdruck laut WHO unter 120 systolisch und unter 80 diastolisch liegen muss.
Ruhepuls	56 Schläge/min. Dies liegt unter dem Normbereich, da diese bei Erwachsenen zwischen 60 und 80 Schlägen liegen (Weineck, 2003). Dies ist hier jedoch nicht verwunderlich, da die Pulswerte bei gut trainierten Sportlern niedriger liegen, als beim Durchschnitt.
Körperfettanteil	16%

1.2 Leistungdiagnostik

1.2.1 Begründung der Auswahl des Ausdauertests

In diesem Beispiel wird der Stufentest des Bundesausschusses für Leistungssport gewählt (Vita-Maxima-Test). Dieser wurde gewählt, da der Proband schon seit 12 Jahren im Handballverein aktiv ist. Dadurch dürfte er zu höherer Leistung fähig sein. Da der Puls des Kunden unter dem Normalbereich liegt, ist ebenfalls davon auszugehen, dass er einen überdurchschnittlichen Trainingszustand besitzt. Außerdem besitzt die Person durch seine bisherige regelmäßige Betätigung eine gewisse Leistungsbereitschaft, weshalb er auch psychisch zu solch einem Test fähig ist. Der WHO-Test ist für den Probanden nicht geeignet, da er für leistungsschwächere und alte Menschen sowie untrainierte und/oder übergewichtige Frauen gedacht ist. Beim Hollmann-und-Venrath-Test könnte es passieren, dass die Person noch nicht an seiner max. Auslastung angekommen ist, wenn er die festgelegte Pulsgrenze erreicht (180-27= 153S/min).

1.2.2 Durchführung des Ausdauertests

Tab. 2: Durchführung des Ausdauertests

Startbelastung	50 Watt
Belastungssteigerung	50 Watt
Belastungsstufendauer	3 min
Trittfrequenz	80-100 U/min
Ausbelastung	Mindestens 173 Schläge/min.

Testverlauf					
Zeit (min.)	Belastung (Watt)	Herzfrequenz 1	Herzfrequenz 2	Herzfrequenz 3
1-3	50	94 S/min	99 S/min	106 S/min
3-6	100	112 S/min	118 S/min	122 S/min
6-9	150	127 S/min	132 S/min	139 S/min
9-12	200	146 S/min	152 S/min	157 S/min
12-15	250	163 S/min	170 S/min	175 S/min
15-18	300	181 S/min	Abbruch wegen Erschöpfung	

1.2.3 Bewertung des Testergebnisses

Der Ausdauertest wurde bis zur sechsten Stufe, welche bei 300 Watt liegt, durchgehalten. Danach konnte die Person die Trittfrequenz nicht mehr aufrechterhalten und musste abbrechen. Die Person konnte eine relative Soll-Watt-Leistung von ungefähr 4,05 Watt/kg Körpergewicht erreichen (300Watt/74kg). Die Person wird folglich als Freizeit- bzw. Breitensportler eingestuft (Kindermann, 1987, S. 244-268).

1.3 Gesundheits- und Leistungsstatus der Person

Da der Gesundheitsstand der Person einwandfrei ist, gibt es keinerlei Einschränkungen für die Belastbar- bzw. Trainierbarkeit. Alle Gesundheitswerte entsprechen den Normwerten und sind entsprechend unbedenklich. Außerdem wird der Kunde laut Vita-Maxima-Test als Breitensportler eingestuft, was als überdurchschnittlich angesehen werden kann. Darüberhinaus befindet sich der Kunde in keinerlei ärztlicher Behandlung. Somit ist er voll belastbar.

2 Zielsetzung/Prognose

Das erste Ziel des Kunden ist eine Gewichtsreduktion von 3kg. Dies soll innerhalb von 3 Monaten geschehen. Dieses Ziel wurde gewählt, da eine Gewichtsabnahme der explizite Wunsch des Kunden war.

Ferner soll eine Reduktion des Körperfettanteils um 4% stattfinden, d.h. der Kunde soll von 16% auf 12% Körperfett kommen. Dies soll ebenfalls in 3 Monaten geschehen, da dieses Ziel mit dem ersten Ziel des Kunden einhergeht. Dieses Ziel wurde extra als ein eigenes Ziel gewählt, da die obig genannte Gewichtsabnahme möglichst ausschließlich durch eine Fettabnahme erfolgen soll. Folglich ist dieses Ziel als ergänzend zum obigen Ziel gedacht.

Darüber hinaus möchte der Kunde innerhalb des Jahres seine Soll-Watt Leistung vom Normalbürger zum Leistungssportler erhöhen (von 4 Watt pro kg Körpergewicht zu 5 Watt pro kg Körpergewicht) (Kindermann, 1987, S. 244-268). Dies hat den Grund, dass der Kunde sehr ambitioniert ist und nach seinem Jahr im Ausland fitter denn je zu seinem Handballverein zurückkehren möchte.

3 Trainingsplanung Mesozyklus

3.1 Grobplanung Mesozyklus

Tab. 3: Grobplanung Mesozyklus

Dauer	6 Wochen
Ziel	Entwicklung der Grundlagenausdauer und Vorbereitung für ein intensives Intervalltraining
Belastungsumfang/Woche	Ca. 2-3 Stunden
Trainingsmethoden	Extensive Dauermethode, Intensive Dauermethode, extensive Intervallmethode
Trainingsintensität	50-85% $Hf_{reserve}$
Trainingshäufigkeit/Woche	3x/Woche
Dauer pro Trainingseinheit	30-50min.
Trainingsgeräte	Laufband, Crosstrainer, Laufen im Freien

3.2 Detailplanung Mesozyklus

Tab. 4: Detailplanung Mesozyklus

Woche 1	Montag	Mittwoch	Freitag
Ziel	Verbesserung und Stabilisierung der Grundlagenausdauer (GA) 1	Verbesserung und Stabilisierung der GA 1 & GA 2	Verbesserung und Stabilisierung der GA 1
Trainingsmethode	Extensive Dauermethode (DM)	Intensive DM	Extensive DM
Trainingsintensität	60-65% $Hf_{reserve}$	70-75% $Hf_{reserve}$	60-65% $Hf_{reserve}$
Trainingsherzfrequenz	138-145 S/min.	152-159 S/min.	138-145 S/min.
Trainingsdauer	45min.	40min.	45min.

Trainingsgerät	Crosstrainer	Laufband	Laufen im Freien
Woche 2	**Montag**	**Mittwoch**	**Freitag**
Ziel	Verbesserung und Stabilisierung der GA 1 & GA 2	Verbesserung und Stabilisierung der GA 1	Verbesserung und Stabilisierung der GA 1 & GA 2
Trainingsmethode	Intensive DM	Extensive DM	Intensive DM
Trainingsintensität	70-75% $Hf_{reserve}$	60-65% $Hf_{reserve}$	70-75% $Hf_{reserve}$
Trainingsherzfrequenz	152-159 S/min.	138-145 S/min.	152-159 S/min.
Trainingsdauer	45min.	50min.	45min.
Trainingsgerät	Crosstrainer	Laufband	Laufen im Freien
Woche 3	**Montag**	**Mittwoch**	**Freitag**
Ziel	Rekom	Verbesserung und Stabilisierung der GA 1 & GA 2	Verbesserung der GA 2
Trainingsmethode	Extensive DM	Intensive DM	Extensive IM
Trainingsintensität	50-60% $Hf_{reserve}$	70-75% $Hf_{reserve}$	75-80% $Hf_{reserve}$
Trainingsherzfrequenz	125-138 S/min.	152-159 S/min.	159-166 S/min.
Trainingsdauer	30min.	45min.	36min. (MZI: 9/1/3)
Trainingsgerät	Crosstrainer	Laufband	Laufen im Freien
Woche 4	**Montag**	**Mittwoch**	**Freitag**
Ziel	Rekom	Verbesserung und Stabilisierung der GA 1	Verbesserung der GA 2
Trainingsmethode	Extensive DM	Intensive DM	Extensive IM
Trainingsintensität	50-60% $Hf_{reserve}$	70-75% $Hf_{reserve}$	75-80% $Hf_{reserve}$
Trainingsherzfrequenz	125-138 S/min.	152-159 S/min.	159-166 S/min.
Trainingsdauer	35min.	50min.	36min. (MZI: 9/1/3)
Trainingsgerät	Laufen im Freien	Crosstrainer	Laufband
Woche 5	**Montag**	**Mittwoch**	**Freitag**
Ziel	Verbesserung und Stabilisierung der GA 1 & GA 2	Rekom	Verbesserung der GA 2
Trainingsmethode	Intensive DM	Extensive DM	Extensive IM
Trainingsintensität	70-75% $Hf_{reserve}$	50-60% $Hf_{reserve}$	75-80% $Hf_{reserve}$
Trainingsherzfrequenz	152-159 S/min.	125-138 S/min.	159-166 S/min.
Trainingsdauer	50min.	40min.	40min. (MZI: 10/1/3)

Trainingsgerät	Laufen im Freien	Crosstrainer	Laufband
Woche 6	Montag	Mittwoch	Freitag
Ziel	Verbesserung und Stabilisierung der GA 1 & GA 2	Rekom	Verbesserung der GA 2
Trainingsmethode	Intensive DM	Extensive DM	Extensive IM
Trainingsintensität	75-80% Hf$_{reserve}$	50-60% Hf$_{reserve}$	80-85% Hf$_{reserve}$
Trainingsherzfrequenz	159-166 S/min.	125-138 S/min.	166-172 S/min.
Trainingsdauer	50min.	40min.	40min. (MZI: 10/1/3)
Trainingsgerät	Laufen im Freien	Crosstrainer	Laufband

3.3 Begründung zum Mesozyklus

3.3.1 Begründung zum wöchentlichen Belastungsumfang

Die Zahl der Trainings pro Woche liegt bei drei, da dies der Wunsch des Kunden war. Die Trainings liegen zuerst unter einer Stunde und nähern sich im Verlauf des Mesozyklus immer mehr einer Stunde an, da dies das vom Kunden vorgegebene Maximum ist. Außerdem orientiert sich der wöchentliche Umfang am Gesundheitsoptimalprogramm mit max. 180- 240min pro Woche und einer Dauer von 30-60 Minuten pro Einheit (Zintl & Eisenhut, 2001, S. 137). Auf 180 Minuten Training pro Woche kommt der Kunde allerdings noch nicht. Dies hat den Grund, dass hierfür direkt das vom Kunden festgelegte Maximum ausgeschöpft werden müsste (3 Einheiten zu je 60 Minuten pro Woche.) An dieses Maximum sollte sich erst einmal herangetastet werden, um jenes evtl. im nächsten Zyklus erreichen zu können. Um das Ziel der Gewichtsreduktion und der Körperfettreduktion herbeizuführen, wäre ebenfalls eine Belastung von 3 Stunden pro Woche ideal, um den Stoffwechsel in Schwung zu bringen (Zintl & Eisenhut, 2009, S. 142). Wie oben genannt, wird sich an diese Marke langsam herangetastet.

3.3.2 Begründung zu den ausgewählten Trainingsmethoden
3.3.2.1 Extensive Dauermethode

Der Kunde soll die extensive Dauermethode ausüben, um seine Grundlagenausdauer 1 zu steigern, auf deren Basis dann die Grundlagenausdauer 2 verbessert werden kann. Bei dieser Methode wird im Blut höchstens eine sehr geringe Menge an Laktat gebildet. Dies liegt an den geringen Intensitäten und dem hohen Trainingsumfang. Zusätzlich erhält diese Methode den niedrigen Ruhepuls des Kunden. Außerdem trainiert diese Methode den Körper, den Fettstoffwechsel als Energiequelle zu nutzen (Zintl & Eisenhut, 2009, S. 119). Dies hilft dem Kunden bei seinem Ziel der Fettabnahme. Durch das häufige Vorkommen der extensiven Dauermethode wird der Fettstoffwechsel ideal angekurbelt, wodurch in einem folgenden Mesozyklus zusätzlich zur oben genannten Erhöhung des wöchentlichen Umfangs auf 180 Minuten mehr intensives Training durchgeführt werden kann, um eine gute Fettabnahme zu erzielen.

3.3.2.2 Intensive Dauermethode

Durch diese Methode wird die anaerobe Schwelle angehoben, d.h. die Laktatelimination verbessert sich und der Muskel übersäuert später, weshalb die intensive Dauermethode sehr gut für Spielsportarten geeignet ist (Weineck, 2010, S. 272). Deshalb ist diese Methode für den Kunden sehr gut geeignet, da er besser als zuvor zu seinem Handballverein zurückkehren möchte. Durch die höhere anaerobe Schwelle wird er im Handballspiel länger durchhalten können, da er längere Zeit höheren Intensitäten ausgesetzt sein kann, ohne durch Übersäuerung an Leistung einzubüßen. Zudem führt das intensive Training auch zu einer psychischen Gewöhnung an höhere Belastung (Weineck, 2010, S. 274). Dadurch wird der Wille und der „Biss" des Kunden erhöht und er kann leichter mehr Leistung abrufen, natürlich auch beim Handball.

3.3.2.3 Extensive Intervallmethode

Da der Kunde einen einwandfreien Gesundheitszustand und einen überdurchschnittlichen Leistungsstand besitzt, ist er auch gut geeignet für die extensive Intervallmethode, die sich nicht im Gesundheitsoptimalprogramm befindet (Zintl & Eisenhut, 2009, S.119). Durch diese Methode wird ebenfalls die Elimination des Laktats im Muskel erhöht (Zintl & Eisenhut, 2009, S. 119). Dadurch hält, wie oben genannt, der Muskel bei hohen Belastungen länger durch, was einerseits beim Handballspielen hilft und andererseits den Kunden länger beim Vita-Maxima-Test durchhalten lässt. Das wäre eine gute Grundlage bzw. Maßnahme, um das Ziel des Kunden – eine Stufe höher in der Bewertung des Vita-Maxima-Tests zu kommen – zu erreichen.

3.3.3 Begründung zur Belastungsprogression

Beim Erstellen des Mesozyklus wurde die Regel „Trainingshäufigkeit vor Umfang vor Intensität" (Zintl & Eisenhut, 2009, S. 18) als grobe Richtlinie genutzt. Die wöchentliche Häufigkeit kann allerdings hier nicht gesteigert werden, da der Kunde ein Maximum an drei Einheiten pro Woche vorausgesetzt hat. Mit weniger zu starten wäre ebenfalls wenig sinnvoll, da der Kunde sich bereits auf einem recht hohen Trainingslevel befindet und mit weniger als drei Einheiten leicht unterfordert wäre. Der Umfang wird jedoch von Woche zu Woche kontinuierlich erhöht mit Ausnahme von Woche 3, ab der der Kunde aufgrund der Einführung der extensiven Intervallmethode mit einer wöchentlichen Rekom Einheit beginnt. Der Umfang sinkt in auch insgesamt ab Woche 3 etwas ab, was ebenfalls am Beginn der extensiven Intervalleinheiten sowie den entsprechenden Rekomeinheiten liegt. Ab hier geht aber innerhalb der einzelnen Trainingsmethoden weiter der Umfang an. Schlussendlich in Woche 6 bleibt der Umfang gleich und die Intensität geht noch einmal nach oben in Form von höherer Trainingsherzfrequenz. Die Rekom Einheiten werden für den entsprechenden Kunden besonders wichtig ab der Einführung der extensiven Intervallmethode. Das vorige Training dürfte für den Kunden ohne Rekom Einheiten machbar sein, da er sich bereits auf einer guten Leistungsstufe befindet und deshalb mit den noch etwas kürzeren Einheiten der Dauermethode klarkommen sollte. Sobald die extensive Intervallmethode eingeführt wird, hat der Kunde jede Woche eine Rekomeinheit, um die höhere Belastung auszugleichen und den Körper nicht zu überfordern. Laut Zintl & Eisenhut (2009, S. 20) ist das ideale Verhältnis zwischen belastenden und entlastenden Einheiten 2:1 bzw. 3:1, was ab Woche 3 eingehalten wird. Zusätzlich variieren die verschiedenen Trainingseinheiten jede Woche, sodass der Kunde immer wieder neue Belastungen hat (Prinzip der variierenden Belastung), wodurch die Anpassung des Körpers mit geringerer Wahrscheinlichkeit stagniert und immer neue Trainingsreize gesetzt werden können (Weineck, 2010, S. 50).

3.3.4 Begründung zu den angesteuerten Trainingsbereichen

Es existieren vier unterschiedliche Trainingsbereiche (Neumann, Pfützner & Berbalk, 2007, S. 140): Grundlagenausdauerbereich 1 (GA 1), Grundlagenausdauerbereich 2 (GA 2), Rekom und ein vierter Bereich, der fürs Fitness- bzw. Gesundheitstraining irrelevant ist. GA 1, GA 2 und Rekom sind im Mesozyklus enthalten. GA 1 steigert die Grundlagenausdauer. Außerdem wird die aerobe Leistungsfähigkeit erhöht. Dies findet im Mesozyklus durch die extensive Dauermethode statt (Neumann, Pfützner & Berbalk, 2007, S.

141). Durch das Training im Grundlagenausdauerbereich 2 wird die Grundlagenausdauer noch etwas weiter verbessert sowie die aerob-anaerobe Leistungsfähigkeit gesteigert. Dies wird im Mesozyklus durch die intensive Dauermethode sowie mit der extensiven Intervallmethode bewerkstelligt (Neumann, Pfützner & Berbalk, 2007, S. 141). Das Rekomtraining hilft dem Kunden, nach den intensiveren Intervalleinheiten zu regenerieren und im folgenden intensiven Training wieder voll belastbar zu sein (Neumann, Pfützner & Berbalk, 2007, S. 141).

3.3.5 Begründung der ausgewählten Ausdauergeräte bzw. Bewegungsformen

Da Handball eine laufende bzw. rennende Sportart ist, wurde im Mesozyklus hauptsächlich auf laufende bzw. laufähnliche Bewegungsformen zurückgegriffen. Laufen ist laut Zintl & Eisenhut (2009, S. 143) die ideale Bewegungsform. Durch sein Handballtraining wird der Kunde in der Lage sein, die fürs Laufen benötigte Koordination bzw. Bewegungstechnik aufzubringen. Folglich geht der Kunde aufs Laufband bzw. joggt im Freien. Zusätzlich wurde der Crosstrainer als das dem Laufen am ähnlichsten sehende Ausdauergerät ausgewählt, um etwas Abwechslung ins Training zu bringen.

4 Effekte des Ausdauertrainings bei arterieller Hypertonie

Tab. 5: Literaturrecherche

	Studie 1	Studie 2
Titel	Kardiovaskuläre Effekte eines aeroben versus eines isometrischen Training bei arterieller Hypertonie	Auswirkungen von Ausdauer- vs. Krafttraining vs. der Kombination Ausdauer-/Krafttraining auf die systemische Hämodynamik, Gefäßelastizität sowie Herzfrequenzvariabilität bei Patienten mit arterieller Hypertonie
Durchführende	Stergios	Bickenbach
Jahr	2015	2011

Versuchspersonen	70 Personen, davon 29 Männer und 41 Frauen. Diese werden wegen arterieller Hypertonie medikamentös behandelt oder haben einen Blutdruck von 190/90 mmHg oder höher ohne medikamentöse Therapie (Stergios, 2015, S. 31 & 41). Ausgeschlossen wurden Leute mit regelmäßiger sportlicher Aktivität, einer peripheren Verschlusskrankheit in einem Stadium über 1, einem Aortenvitium mit einem Grad höher als 1, einer hochgradigen Herzinsuffizienz, unkontrollierten Herzrhythmusstörungen und einem Rhublutdruck, der systolisch 180 mmHg oder mehr beträgt und diastolisch 110 mmHg oder mehr beträgt. Zusätzlich durften die Personen gleichzeitig nicht an anderen Studien teinehmen (Stergios, 2015, S. 32-33)	55 Personen, davon 42 Männer und 13 Frauen. Alle haben arterielle Hypertonie ersten Grades. Ausgeschlossen wurden Personen, die in den vorangegangenen drei Monaten Sport gemacht hatten, die zwölf Wochen vorher antihypertensive medikamentöse Einstellung hatten, eine bekannte sekundäre Hypertonie oder mittelschwere bis schwere Hypertonie hatten, KHK, Herzinsuffizienz, Herzvitien, höhergradige Erregungsbildungs- und/oder Erregungsleitungsstörungen am Herzen oder einen Herzinfarkt innerhalb der letzten drei Monate hatten
Aufbau	Zu Anfang und Ende der Studie wurde eine 24-Stunden-Blutdruckmessung durchgeführt, welche in Langzeitmessung, Tagesintervall und Nachtintervall aufgeteilt wurde (Stergios, 2015, S. 41-42). Außerdem wurde eine Pulswellenanalyse durchgeführt und der zentrale Aortendruck bestimmt (Stergios, 2015, S.33). Die Teilnehmer wurden per Zufall in drei Gruppen unterteilt. Gruppe 1 führte ein isometrisches Faustschlusstraining durch, Gruppe 2 war eine Placebo-Gruppe und Gruppe 3 führte ein aerobes Training durch (Stergios, 2015, S. 32-33 & 41). Das aerobe Training ging über 12 Wochen mit 5 Einheiten pro Woche. Es wurde für 30-45 Minuten jeweils trainiert.	Vor Beginn und nach Ende der Studie wurden die Personen einer kompletten ärztlichen Untersuchung unterzogen. Es wurde eine Leistungsdiagnostik erstellt samt Bestimmung von Laborparametern und der hämodynamischen Variable (Bickenbach, 2011, S.23).. Es wurde eine 24-Stunden Blutdruckmessung erstellt, unterteilt in einen Tagesintervall von 6-22Uhr und einen Nachtintervall von 22-6Uhr (Bickenbach, 2011, S.50-51). Die Messungen davor und danach fanden zur selben Tageszeit und in derselben Reihenfolge statt (Bickenbach, 2011, S.23). Danach wurden die Teilnehmer in vier Gruppen unterteilt: Ausdauertrai-

	Die medikamentöse Therapie wurde unverändert beibehalten (Stergios, 2015, S. 32).	ningsgruppe (ATG), Krafttrainingsgruppe (KTG), Ausdauer- & Krafttrainingsgruppe (AKTG) und eine Kontrollgruppe (KG). ATG absolvierte ein Training über 12 Wochen mit 3 Einheiten pro Woche. Diese bestanden aus: 5 Minuten Warm-Up auf dem Fahrrad (40% Hf$_{reserve}$) und anschließendem 20-minütigen Trainingsprogramm auf dem Fahrrad bei 50% Hf$_{reserve}$. Alle 2 Wochen wurde diese um 5% gesteigert, bis sie am Ende 75% betrug. Die Trainingszeit stieg alle 4 Wochen um 5 Minuten. Während der gesamten Studienzeit behielten die Personen ihre Gewohnheiten bzgl. Essen, Trinken und Rauchen bei. (Bickenbach, 2011, S.24-26).
Ergebnisse	Gruppe 3 reduzierte irhen systolischen Blutdruck von 129.1±10.4 mmHg auf 122.7±11.7 mmHg und den diastolischen Blutdruck von 79.5±8.9 mmHg auf 76.7±10.9 mmHg. Im Tagesintervall wurde der Blutdruck systolisch von von 133.8±10.8 mmHg auf 126.6±11.2 mmHg gesenkt und diastolisch von 83.4±9.2 mmHg auf 79.7±11.6 mmHg. Im Nachtintervall wurde der systolische Blutdruck von 120.8±11.6 mmHg auf 114.7±13.7 mmHg gesenkt, während der diastolische unverändert blieb (Stergios, 2015, S. 41). Vier Teilnehmer aus Gruppe 3 verließen die Studie vor deren Beendigung, was jedoch in der Auswertung beachtet wurde (Stergios, 2015, S. 40).	Nach der zwölften Woche fiel der systolische Blutdruck bei der ATG von 140,30 ± 7,02 mmHg auf 137,00 ± 8,80 mmHg, während der diastolische Blutdruck von 86,20 ± 6,80 mmHg auf 83,10 ± 7,70 mmHg sank. Bei der Kontrollgruppe stieg der systolische Druck von 36,20 ± 6,70 mmHg auf 137,3 ± 4,30 mmHg und der diastolische sank von 87,00 ± 7,10 mmHg auf 86,20 ± 6,20 mmHg (Bickenbach, 2011, S. 49-50). Bei Betrachtung des Tagesintervalles konnte festgestellt werden, dass bei der ATG der Blutdruck systolisch von 133,8 ± 10,8 mmHg auf 126,6 ± 11,2 mmHg und diastolisch von 89,30 ± 7,50 mmHg auf 85,30 ± 8,30 mmHg gesenkt

		wurde, während er bei der Kontrollgruppe systolisch von 140,80 ± 6,60 mmHg auf 141,40 ± 4,70 mmHg stieg und diastolisch von 90,30 ±7,20 mmHg auf 89,10 ± 5,50 mmHg sank (Bickenbach, 2011, S. 51). Beim Nachtintervall änderte sich der systolische Wert der ATG nicht, während der diastolische Wert unwesentlich von 75,50 ± 6,20 auf 75,30 ± 6,30 mmHg sank. Der Nachtintervall-Wert bei der KG stieg systolisch von 121,80 ± 9,40 mmHg auf 124,40 ± 6,00 mmHg, während er diastolisch unwesentlich von 75,60 ± 8,90 mmHg auf 74,90 ± 7,40 mmHg gesenkt wurde.
Schlussfolgerung	Es ist ersichtlich, dass aerobes Training den Blutdruck positiv beeinflusst (Stergios, 2015, S. 49).	Der Blutdruck lässt sich sowohl systolisch als auch diastolisch rein durch Ausdauertraining und ohne Änderung anderer Lebensgewohnheiten senken (Bickenbach, 2011, S. 49-52). Entsprechend ist Ausdauertraining eine berechtigte Möglichkeit, arterielle Hypertonie zu therapieren (Bickenbach, 2011, S. 53).

5 Literaturverzeichnis

Bickenbach, A. (2011). *Auswirkungen von Ausdauer- vs. Krafttraining vs. Der Kombination Ausdauer-/Krafttraining auf die systemische Hämodynamik, Gefäßelastizität sowie Herzfrequenzvariabilität bei Patienten mit arterieller Hypertonie.* Dissertation, Deutsche Sporthochschule Köln. Köln.

Kindermann, W. (1987). Ergometrie-Empfehlungen für die ärztliche Praxis. *Deutsche Zeitschrift für Sportmedizin, 38,* 244-268.

Neumann, G., Pfützner, A. & Berbalk, A. (2007). *Optimiertes Ausdauertraining* (5., überarb. Aufl.). Aachen: Meyer & Meyer.

Stergios, V. (2015). *Kardiovaskuläre Effekte eines aeroben versus eines isometrischen Trainings bei arterieller Hypertonie.* Dissertation, Medizinische Fakultät Charité-Universitätsmedizin Berlin. Berlin.

Weineck, J. (2003). *Ausdauertraining. Trainingssteuerung über die Herzfrequenz- und Milchsäurebestimmung.* Balingen: Spitta.

Weineck, J. (2010). *Optimales Training. Leistungsphysiologische Trainingslehre unter besonderer Berücksichtigung des Kinder- und Jugendtrainings* (16., durchges. Aufl.). Balingen: Spitta.

Zintl, F. & Eisenhut, A. (2001). *Ausdauertraining. Grundlagen - Methoden - Trainingssteuerung* (5. Aufl.). München: BLV Sportwissen.

Zintl, F. & Eisenhut, A. (2009). *Ausdauertraining: Grundlagen - Methoden - Trainingssteuerung* (7., überarb. Aufl.). München: BLV Sportwissen.

6 Tabellenverzeichnis

Tabelle 1: Allgemeine und biometrische Daten 3
Tabelle 2: Durchführung des Ausdauertests 4
Tabelle 3: Grobplanung Mesozyklus 6
Tabelle 4: Detailplanung Mesozyklus 6
Tabelle 5: Literaturrecherche 11

BEI GRIN MACHT SICH IHR WISSEN BEZAHLT

- Wir veröffentlichen Ihre Hausarbeit, Bachelor- und Masterarbeit

- Ihr eigenes eBook und Buch - weltweit in allen wichtigen Shops

- Verdienen Sie an jedem Verkauf

Jetzt bei www.GRIN.com hochladen und kostenlos publizieren